EMG3-0129
合唱楽譜＜スタンダード＞

STANDARD
CHORUS PIECE

合唱で歌いたい！スタンダードコーラスピース

混声3部合唱

Stand Alone

作詞：小山薫堂　作曲：久石 譲　合唱編曲：西條太貴

••• 曲目解説 •••

司馬遼太郎の長編小説を原作とする、NHKスペシャルドラマ「坂の上の雲」メインテーマ。久石譲が手掛けたこの楽曲は、ドラマのスケールにふさわしい、壮大で感動的な一曲です。歌唱は、第1部ではソプラノ歌手のサラ・ブライトマン、第2部ではオペラ歌手の森麻季、第3部では久石譲の娘で歌手の麻衣が担当。希望に満ちあふれるような輝かしい歌声で歌い上げています。誰もが一度は歌いたいと思うこの楽曲を、混声3部合唱アレンジに仕上げました。原曲の壮大なスケール感をそのままに、感動の旋律をたっぷりと堪能していただけます。

【この楽譜は、旧商品『Stand Alone（混声3部合唱）』（品番：EME-C3018）とはアレンジが異なります。】

合唱で歌いたい！スタンダードコーラス

Stand Alone

作詞：小山薫堂　作曲：久石 譲　合唱編曲：西條太貴

© 2009 by NHK Publishing,Inc. & WONDER CITY INC.

Elevato Music
EMG3-0129

Stand Alone

作詞:小山薫堂

ちいさな光が　歩んだ道を照らす
希望のつぼみが　遠くを見つめていた
迷い悩むほど　人は強さを掴むから　夢をみる
凛として旅立つ　一朶(いちだ)の雲を目指し

あなたと歩んだ　あの日の道を探す
ひとりの祈りが　心をつないでゆく
空に　手を広げ　ふりそそぐ光あつめて
友に　届けと放てば　夢叶う
はてなき想いを　明日(あした)の風に乗せて

わたしは信じる　新たな時がめぐる
凛として旅立つ　一朶(いちだ)の雲を目指し

MEMO

MEMO

エレヴァートミュージックエンターテイメントはウィンズスコアが
展開する「合唱楽譜・器楽系楽譜」を中心とした専門レーベルです。

ご注文について

エレヴァートミュージックエンターテイメントの商品は全国の楽器店、ならびに書店にてお求めになれますが、店頭でのご購入が困難な場合、下記PC＆モバイルサイト・FAX・電話からのご注文で、直接ご購入が可能です。

◎PCサイト＆モバイルサイトでのご注文方法

http://elevato-music.com

上記のアドレスへアクセスし、WEBショップにてご注文ください。

◎FAXでのご注文方法

FAX.03-6809-0594

24時間、ご注文を承ります。上記PCサイトよりFAXご注文用紙をダウンロードし、印刷、ご記入の上ご送信ください。

◎お電話でのご注文方法

TEL.0120-713-771

営業時間内に電話いただければ、電話にてご注文を承ります。

※この出版物の全部または一部を権利者に無断で複製(コピー)することは、著作権の侵害にあたり、著作権法により罰せられます。
※造本には十分注意しておりますが、万一、落丁・乱丁などの不良品がありましたらお取り替えいたします。また、ご意見・ご感想もホームページより受け付けておりますので、お気軽にお問い合わせください。